Vorrei donare il tuo sorriso alla luna

perché di notte chi la guarda possa pensare a te...

Le domande sono da me formulate con l'aiuto del Codice Delle Assicurazioni, aggiornato al D.L. 24 Gennaio 2012, e dei Regolamenti Isvass.

Sono formulate esclusivamente per scopo didattico, per una verifica e simulazione d'esame Isvass.

Per questo non potranno essere utilizzati per reclami o ricorsi.

Il volume è rivolto a tutti coloro che dovranno affrontare la prova di idoneità per l'iscrizione al RUI (Registro Unico degli Intermediari) modulo assicurativo.

Il testo raccoglie numerosi questionari, con risposte ampiamente commentate, su tutte le discipline previste dalla prova d'idoneità per l'iscrizione, enucleando tutti gli argomenti che con maggiore probabilità formano oggetto della prima prova d'esame. Il candidato, ragionando sulle varie opzioni fornite dalle risposte, ha in tal modo a disposizione un efficace strumento di verifica. Il volume, pertanto, rappresenta un indispensabile complemento di studio, dove verificare in ogni momento la preparazione raggiunta e mirare il ripasso finale. Pertanto sono inseriti ben 5 simulazioni d'esame.

La prova d'idoneità verte sulle seguenti materie:

-Diritto delle assicurazioni, inclusa la disciplina regolamentare emanata dall'Isvap.

-Disciplina della previdenza complementare

-Attività di agenzia e di mediazione

-Tecnica assicurativa, rami vita e danni

-Tutela del consumatore

-Nozioni di diritto privato

-Nozioni di diritto tributario

La prova è composta da 50 domande per il modulo assicurativo. Il tempo a disposizione per lo svolgimento della prova è a discrezione della commissione e comunicato in sede d'esame ma di solito viene dato 1 o 2 minuti a domanda.

Le risposte alle domande andranno indicate sulla scheda delle risposte dalla riga 1 alla riga 50 coprendo totalmente il quadrato che contiene la lettera corrispondente alla risposta scelta.

Viene attribuito un punto per ogni risposta esatta e una penalità di mezzo punto per ogni risposta errata. Sono idonei alla prova orale i candidati che avranno riportato un punteggio non inferiore a sessanta centesimi, quindi almeno 30 domande esatte.

Non è concesso l'uso di libri, codici e altri strumenti.

QUIZ A

1) Quale di questi presupposti, per il rilascio dell'autorizzazione, non è previsto per un'impresa di assicurazioni aventi sede in Italia
   - Direzione generale stabilita in Italia
   - Fondo di garanzia compreso fra 6 milioni e 5 milioni di euro
   - Relazione tecnica

2) Che dispone la cancellazione per decadenza dell'impresa?
   - CONSAP
   - ISVASS
   - Ministero dell'Economia e delle Finanze

3) La persona fisica iscritta nella sezione C del RUI deve versare un contributo di vigilanza annuale che è pari a
   - 500 euro
   - 50 euro
   - 100 euro

4) La classe di assegnazione di un veicolo immatricolato per la prima volta è
   - 14
   - 1
   - 18

5) I contratti assicurativi richiedo la forma
   - Scritta ad probationem
   - Scritta ad substantiam
   - Anche orale

6) Il premio è
   - Corrispettivo in denaro che l'assicurato deve avere dall'assicuratore
   - Sconto sul costo della polizza assicurativa
   - Corrispettivo in denaro che l'assicurato deve corrispondere all'assicuratore

7) Gli infortuni causati dall'ubriachezza dell'assicurato:
   - Sono sempre esclusi dalla copertura
   - Sono sempre compresi in copertura
   - Sono esclusi salvo patto speciale

8) La minore età è una causa di
   - Incapacità naturale
   - Incapacità legale
   - Capacità legale

9) Per portafoglio assicurativo si intende
   - Insieme delle funzioni di amministrazione, direzione e controllo di cui è titolare l'impresa
   - Il capitale sociale dell'impresa
   - Insieme dei contratti ci cui è titolare l'impresa

10) Per i veicoli a motore durante gare e competizioni sportive
    - L'assicurazione non è obbligatoria, ma solo facoltativa

- L'assicurazione è sempre obbligatoria
- L'assicurazione è obbligatoria, salvo lo svolgimento in circuiti chiusi

11) La carta verde è emessa
- Dall'ISVASS
- Dall'UCI
- Dalla CONSAP

12) Il margine di solvibilità è
- Il patrimonio lordo dell'impresa
- Il capitale sociale versato
- Il patrimonio netto dell'impresa

13) I registri e i documenti assicurativi posso essere conservati su supporti informatici?
- Si
- No
- Si, trascorsi 5 anni

14) La fusione dell'impresa è disposta
- Con provvedimento del Ministro dell'Interno
- Con regolamento del Ministro dello Sviluppo Economico
- Con provvedimento dell'ISVASS

15) La durata dei contratti RCA è
- 6 mesi
- 2 anni
- 1 anno

16) L'amministrazione straordinaria è disposta
- Con decreto del Ministro dello Sviluppo Economico
- Dal commissario ad acta
- Dall'assemblea ordinaria

17) Cosa sono i cd. Rappels
- Rischi di assicurazioni
- Maggiorazioni delle provvigioni
- Riserve dei rami danni

18) Nei contratti a distanza, il contraente può recedere dal contratto assicurativo?

- Si entro 14 giorni dalla stipula con pagamento di penale
- Si entro 14 giorni dalla stipula
- In qualsiasi momento ma con pagamento di penale

19) I danni subiti dalle merci in refrigerazione per effetto di anormale produzione del freddo sono
    - Esclusi dalla copertura assicurativa
    - Esclusi, salvo patto speciale
    - Inclusi in copertura

20) Le Sim sono iscritte al RUI nella sezione
    - E
    - C
    - D

21) È una causa di estinzione volontaria
    - La riduzione del capitale
    - La deliberazione dell'assemblea di scioglimento della società
    - Lo Stato d'insolvenza

22) All'aggiornamento professionale periodico non sono tenuti
    - Gli intermediari temporaneamente non operanti
    - Gli intermediari iscritti nella sez. D
    - Gli intermediari iscritti nella sez. A e B

23) Se il rischio viene meno prima della conclusione del contratto
    - Il contratto è valido
    - Il contratto è nullo
    - Il contratto è valido solo con patto speciale

24) L'ISVAP può sospendere la diffusione della pubblicità
    - Per un periodo non superiore a 30 giorni
    - Per un periodo non superiore a 90 giorni
    - Per un periodo no superiore a 60 giorni

25) Il contraente può recedere in una polizza vita entro
    - 3 giorni
    - 30 giorni
    - 13 giorni

26) La carenza per malattia è di
- 30 giorni
- 60 giorni
- 15 giorni

27) La capogruppo di un gruppo assicurativo
- Può essere solo un'impresa assicurativa
- Può essere solo un'impresa assicurativa o un'impresa bancaria
- Può essere solo un'impresa assicurativa, riassicurativa o un'impresa di partecipazione assicurativa

28) Una norma è cogente
- Quando può essere derogata
- Quando è imposta dall'ordinamento
- Quando è imposta dalle parti

29) In caso di mancato rinnovo del contratto di assicurazione RC Auto l'ultimo attestato di rischio conseguito conserva validità
- per un periodo di cinque anni a decorrere dalla scadenza del contratto al quale tale attestato si riferisce
- per un periodo di diciotto mesi a decorrere dalla scadenza del contratto al quale tale attestato si riferisce
- per un periodo di dodici mesi a decorrere dalla scadenza del contratto al quale tale attestato si riferisce

30) Si ha il contratto di spedizione quando si ricorre
- Vettore
- Spedizioniere
- Operatore di trasporto multimodale

31) Per i contratti di trasporto è prevista la forma scritta?
- Solo su richiesta del destinatario
- Non è obbligatoria, ma facoltativa
- Si, sempre

32) L'ipoteca è
- Un diritto di godimento
- Diritto reale di garanzia

- Diritto di godimento personale

33) I fondi pensione chiusi sono
    - Fondi accessibili a tutte le categorie di lavoratori
    - Fondi Individuali
    - Fondi collettivi accessibili solo a una determinata categoria

34) Come si calcola il TFR
    - Sommando per ciascun anno di servizio una quota pari alla retribuzione annua divisa per 13,5
    - Sommando per ciascun anno di servizio una quota pari alla retribuzione annua divisa 15,3
    - Sommando per ciascun anno di servizio una quota pari alla retribuzione annua

35) A chi spettano le spese relative alla visita medica nelle polizze Temporanee Caso Morte?
    - 50% alla Compagnia e 50% al contraente
    - 100% al contraente
    - 100% alla Compagnia

36) In quali casi non si applica la procedura del risarcimento diretto
    - Per danni fisici superiori al 9% di indennità permanente subiti dal conducente di un veicolo assicurato
    - Per danni che coinvolgono tre veicoli
    - Per danni fisici subiti dal terzo trasportato

37) Il fondo di Garanzia non risarcisce
    - Veicolo non identificato per danni alle cose
    - Veicolo non identificato per danni alle persone
    - Veicolo non coperto da assicurazione

38) Con quali modalità l'intermediario può ricevere dal contraente il pagamento dei premi relativi a contratti di assicurazione sulla vita?
    - Solo in contanti
    - Mediante assegni bancari, postali non trasferibili
    - Con la modalità scelta dall'assicurato

39) La garanzia base di una polizza RCO non copre
    - L'infortunio in itinere
    - Le malattie professionali

- Il danno biologico

40) L'attestato di rischio non contiene
    - La data di scadenza del contratto
    - L'indicazione del numero dei sinistri negli ultimi 5 anni
    - Il premio di assicurazione

41) Se un'impresa opera nel ramo Vita il suo capitale minimo sarà di:
    - 2,5 milioni di euro
    - 1,5 milioni di euro
    - 5 milioni di euro

42) Tra le competenze dell'Isvass rientra
    - La vigilanza sui periti assicurativi
    - La vigilanza sulla Consap
    - La vigilanza sul Fondo di Garanzia

43) Il 7A è
    - un modulo che riepiloga i principali obblighi di comportamento cui gli intermediari sono tenuti
    - un modulo che riepiloga i dati essenziali degli intermediari e della loro attività
    - un modulo che riepiloga la pubblicità dei prodotti assicurativi

44) L'assicurazione a Vita Intera è un tipo di assicurazione
    - per il caso morte
    - per il caso vita
    - Index Linked

45) È possibile assicurare una malattia pregressa
    - Mai
    - Si
    - Solo con espresso parere del medico

46) Le polizze FIP sono
    - Polizze vita
    - Polizze trasporto
    - Polizze credito

47) Per quali polizze vita l'impresa può richiede la compilazione del questionario sanitario?

- Per il caso morte
- Per il caso vita
- Per le unit linked

48) Per quali delle seguenti polizze vita è esclusa la possibilità di riscatto?
    - Caso morte vita intera
    - Temporanea caso morte
    - Assicurazione mista rivalutabile

49) Il termine per il riscontro di un reclamo presentato alle imprese è di
    - 45 giorni
    - 30 giorni
    - 60 giorni

50) La causa dell'infortunio deve essere
    - Interna
    - Esterna
    - Dolosa

SOLUZIONI COMMENTATE- QUIZ A

1) **FONDO DI GARANZIA COMPRESO FRA 6 MILIONI E 5 MILIONI DI EURO.**
   L'autorizzazione è rilasciata quando la direzione generale e amministrativa sia stabilita in Italia e quando venga presentato un programma riguardante l'attività iniziale e la struttura organizzativa gestionale, accompagnato da una relazione tecnica. Il fondo di garanzia deve essere interamente, in misura compresa fra 5 milioni e 1,5 milioni di euro.

2) **ISVASS.**
   L'ISVASS dispone la cancellazione dell'impresa dall'Albo delle imprese di assicurazione e riassicurazione qualora il provvedimento di decadenza riguarda tutti i rami esercitati dall'impresa.

3) **50 EURO.**

4) **14.** *Solitamente chi per la prima volta stipula un contratto RCA è assegnato alla classe di merito 14, cui corrisponderà un elevato coefficiente di denominazione del premio.*

5) **SCRITTA AD PROBATIONEM.** In quanto non possono essere provati se non per iscritto.

6) **CORRISPETTIVO CHE L'ASSICURATO DEVE CORRISPONDERE ALL'ASSICURATORE** *per la prestazione assicurativa.*

7) **SONO SEMPRE ESCLUSI DALLA COPERTURA** e non è possibile ricomprenderli con patto speciale.

8) **INCAPACITA' LEGALE.**

9) **INSIEME DEI CONTRATTI DI CUI E' TITOLARE L'IMPRESA**

10) **L'ASSICURAZIONE E' SEMPRE OBBLIGATORIA** per qualsiasi genere di veicoli a motore e anche quando si svolgano in circuiti chiusi.

11) **UCI, ossia Ufficio Centrale Italiano.**

12) **IL PATRIMONIO NETTO DELL'IMPRESA,** ossia quella parte del patrimonio sociale che supera la quota necessaria per far fronte agli obblighi assunti dall'impresa.

13) **SI,** proprio come dispone il Regolamento n. 27 del 2008.

14) **CON PROVVEDIMENTO DELL'ISVASS**, secondo l'art 201 del Codice delle Assicurazioni

15) **1 anno.**

16) **CON DECRETO DEL MINISTRO DELLO SVILUPPO ECONOMICO,** su proposta dell'ISVASS.

17) **MAGGIORAZIONI DELLE PROVVIGIONI.**
    Spesso sono erogati all'intermediario al superamento di un certo livello di produzione.

18) SI ENTRO 14 GIORNI DALLA STIPULA. Il contraente dispone di un termine di 14 giorni per recedere dal contratto senza e senza dover indicare il motivo.

19) ESCLUSI, SALVO PATTO SPECIALE.

20) D. Le SIM sono società di intermediazione mobiliare.

21) LA DELIBERAZIONE DELL'ASSEMBLEA DI SCIOGLIMENTO DELLA SOCIETA'.

22) GLI INTERMEDIARI TEMPORANEAMENTE NON OPERANTI. Sono tenuti all'aggiornamento gli intermediari iscritti alle sez. A, B e D.

23) IL CONTRATTO E' NULLO.

24) PER UN PERIODO NON SUPERIORE A 90 GIORNI.

25) 30 GIORNI. Il diritto di recesso o di ripensamento nelle polizze vita può essere esercitato entro 30 giorni dalla data di effetto del contratto

26) 30 GIORNI.

27) PUO' ESSERE SOLO UN'IMPRESA ASSICURATIVA, RIASSICURATIVA O UN'IMPRESA DI PARTECIPAZIONE ASSICURATIVA.

28) E' IMPOSTA DALL'ORDINAMENTO.

29) PER UN PERIODO DI CINQUE ANNI A DECORRERE DALLA SCADENZA DEL CONTRATTO AL QUALE TALE ATTESTATO SI RIFERISCE. L'attestato di rischio ha una validità di 5 anni.

30) SPEDIZIONIERE. Nel caso in cui invece si ricorre al vettore si stipulerà un contratto di trasporto.

31) SI, SEMPRE. Il codice civile prevede la forma scritta.

32) DIRITTO REALE DI GARANZIA.

33) FONDI COLLETTIVI ACCESSIBILI SOLO A UNA DETERMINATA CATEGORIA. Sono forme pensionistiche istituite mediante contratti e accordi collettivi, anche aziendali, oppure accordi tra lavoratori.

34) SOMMANDO PER CIASCUN ANNO DI SERVIZIO UNA QUOTA PARI ALLA RETRIBUZIONE ANNA DIVISA 13,5.

35) 100% ALLA COMPAGNIA. I costi della visita medica sono interamente a carico dell'assicuratore in assenza di patologie particolari del contraente.

36) PER DANNI FISICI SUPERIORI AL 9% DI INDENNITA' PERMANENTE SUBITI DAL CONDUCENTE DI UN VEICOLO ASSICURATO. Per Danni che coinvolgono due o più veicoli e per danni fisici subiti dal terzo trasportato si applica la procedura del risarcimento diretto. Nel caso di lesioni di lieve entità, pari o inferiore al 9% di indennità permanente, il danno viene liquidato con un importo crescente più che proporzionale in relazione ad ogni punto percentuale di invalidità applicando a ciascun punto percentuale di invalidità un coefficiente via via più alto.

37) VEICOLO NON IDENTIFICATO PER DANNI ALLE COSE. Il fondo di garanzia risarcisce i danni causati da veicolo o natante non coperto da assicurazione e i danni causati da veicolo o natante non identificato solo però per i danni alla persona.

38) MEDIANTE ASSEGNI BANCARI, POSTALI NON TRASFERIBILI. Non è possibile pagare i premi delle polizze vita in contanti ma tramite assegni bancari o postali.

39) LE MALATTIE PROFESSIONALI. L'infortunio in itinere e il danno biologico sono coperte dalla garanzia base.

40) IL PREMIO DI ASSICURAZIONE.

41) 5 MILIONI DI EURO.

42) LA VIGILANZA SUI PERITI ASSICURATIVI. La vigilanza sulla Consap e sul Fondo di Garanzia spetta invece al Ministero dello Sviluppo Economico.

43) **UN MODULO CHE RIEPILOGA I PRINCIPALI OBBLIGHI DI COMPORTAMENTO CUI GLI INTERMEDIARI SONO TENUTI.** Il 7b è invece un modulo che riepiloga i dati essenziali degli intermediari e della loro attività.

44) **PER IL CASO MORTE.** Le assicurazioni per il caso morte sono di 2 tipi: assicurazioni Temporanee Caso Morte e assicurazioni a Vita Intera.

45) **SOLO CON ESPRESSO PARERE DEL MEDICO.** Le malattie pregresse sono assicurabili a seconda di espresso parere della consulenza medica.

46) **POLIZZE VITA.** Le polizze FIP sono polizze vita che prevedono prestazioni pensionistiche che hanno lo scopo di costituire un'integrazione pensionistica su base volontaria.

47) **PER IL CASO MORTE.** Per le assicurazioni caso morte è di norma richiesta la visita medica preventiva ma è anche prevista la possibilità di contrarre assicurazione senza tale visita bensì con la semplice compilazione di un questionario sanitario.

48) **TEMPORANEA CASO MORTE.** Al termine del contratto delle assicurazioni Temporanee Caso Morte i premi restano acquisiti dalla compagnia.

49) **45 GIORNI.** L'impresa deve fornire una risposta all'utente entro 45 giorni dal ricevimento del reclamo. Il mancato rispetto del termine è oggetto di sanzione amministrativa pecuniaria da parte dell'ISVASS.

50) **ESTERNA.** La causa dell'infortunio deve essere fortuita, esterna e violenta.

QUIZ B

1) Il rischio è
    - Presupposto per il rilascio dell'autorizzazione
    - Una riserva tecnica
    - Elemento del contratto di assicurazione

2) Il contratto di assicurazione non è un contratto
    - Tipico
    - Non obbligatorio
    - A forma libera

3) La radiazione comporta la cancellazione della società?
    - Si, qualora l'illecito sia di particolare gravità
    - No in nessun caso
    - Sempre

4) La gestione interinale può durare
    - 20 mesi
    - 18 mesi

- 12 mesi

5) I soggetti cancellati dalla sezione D del RUI
    - Possono essere rescritti solo in tale sezione
    - Possono essere rescritti trascorsi 13 anni
    - Non possono più essere rescritti

6) Per inosservanza degli obblighi comportamentali è disposta
    - La censura
    - Il richiamo
    - La radiazione

7) Il trasferimento del portafoglio è causa di risoluzione dei contratti?
    - No, ma i contraenti possono recedere entro 60 giorni
    - Si, tranne in caso di fusione
    - Sempre

8) Il commissario ad acta è nominato
    - Con decreto dal Ministro Dell'Interno
    - Dall'impresa di assicurazione
    - Dall'Isvass

9) È una causa di estinzione volontaria
    - Decorso del termine
    - Riduzione del capitale
    - Stato d'insolvenza

10) Il Registro Unico degli Intermediari è suddiviso in
    - 6 sezioni
    - 5 sezioni
    - 4 sezioni

11) Le imprese nazionali per poter esercitare nel territorio italiano l'attività di assicurazione devono essere autorizzate
    - ISVASS
    - CONSAP
    - Ministero dello Sviluppo Economico

12) Chi svolge l'attività di assicurazione in difetto di autorizzazione è punito con

- Multa da 10.000 a 100.000
- Multa da 20.000 a 200.000
- Reclusione da uno a due anni

13) La revoca dell'autorizzazione è disposta quando
    - L'impresa rinuncia all'autorizzazione
    - L'impresa trasferisce il proprio portafoglio
    - L'impresa è dichiarata in stato di insolvenza

14) il contratto concluso con un'impresa non autorizzata è:
    - Valido sino alla scadenza del contratto
    - Nullo
    - Valido a discrezione dell'assicurato

15) Le riserve matematiche sono riserve
    - Patrimoniale
    - Tecniche dei rami danni
    - Tecniche dei rami vita

16) La riserva di senescenza è costituita in caso di contratto contro
    - Le malattie
    - I sinistri
    - Rischi particolari

17) La quota di garanzia è pari
    - al margine di solvibilità
    - a un quarto del minimo del margine di solvibilità
    - a un terzo del minimo del margine di solvibilità

18) i libri contabili dell'impresa sono tenuti
    - presso la sede dell'Isvass
    - presso la sede centrale della società
    - presso le sedi secondarie della società

19) il contrassegno deve essere esposto sul veicolo
    - entro 3 giorni dal pagamento del premio
    - entro 5 giorni dal pagamento del premio
    - entro 2 giorni dal pagamento del premio

20) l'assicurazione non è obbligatoria per
- filobus
- tram
- imbarcazioni da diporto

21) la polizza infortuni cd. Completa comprende
- gli infortuni professionali
- gli infortuni extraprofessionali
- gli infortuni professionali e extraprofessionali

22) la polizza malattia cessa quando l'assicurato raggiunge un'età compresa tra i
- 60 e 70 anni
- 70 e 75 anni
- 75 e 80 anni

23) Il mancato guadagno che deriva dal sinistro prende il nome di
- Danno patrimoniale
- Danno emergente
- Lucro cessante

24) Non è conseguenza di un infortunio
- Inabilità temporanea
- Morte
- Malattia

25) Si ha l'assicurazione piena quando il massimale è
- Pari al valore assicurabile
- Superiore al valore assicurabile
- Inferiore al valore assicurabile

26) Il contratto RCA può essere sospeso per periodi non superiori a
- 6 mesi
- 12 mesi
- 3 mesi

27) La classe di bonus/malus si riferisce
- Alla compagnia di assicurazione
- Al contraente
- Al proprietario del veicolo

28) I Rischi agricoli sono compresi nella categoria di
- Rischi ordinari
- Rischi industriali
- Rischi straordinari

29) In caso di furto del veicolo l'impresa è tenuta ad inviare al contraente l'attestato di rischio?
- No mai
- No, salvo patto speciale
- Si, 60 giorni prima della scadenza della annualità assicurativa

30) Qualora non venga esibita la carta di circolazione e certificato di proprietà, il contratto è assegnato alla classe di merito
- 14
- 18
- 1

31) Nel ramo furto, in caso di sinistro l'assicurato deve dare comunicazione all'impresa
- Entro 24 ore
- Entro 48 ore
- Entro 64 ore

32) La polizza Assistenza ha lo scopo di:
- Fornire all'assicurato un immediato aiuto nel caso in cui lo stesso si trovi in difficoltà
- Indennizzare le spese sostenute nel caso in cui l'assicurato si trovi in difficoltà
- Prestare assistenza al cliente mettendo a disposizione un auto.

33) Le assicurazioni a Vita Intera hanno
- Una scadenza prefissata
- Una durata massima di 15 anni
- Una durata che coincide con la vita dell'assicurato

34) Il beneficiario è colui che
- Stipula la polizza
- È stipulata la polizza
- Percepisce la prestazione assicurativa

35) Nella cauzione i soggetti sono
- 3
- 2
- 1

36) Nell'assicurazione credito non sono assicurabili
- I crediti commerciali
- I crediti a carattere finanziario
- I crediti ipotecari

37) Le aliquote d'imposta
- Variano da ramo a ramo
- Sono uguali
- Sono diverse per ciascun tipo di ramo

38) Il provvedimento dell'Isvap che nega l'autorizzazione deve essere comunicato all'impresa entro
- 30 giorni dalla presentazione della richiesta
- 60 giorni dalla presentazione della richiesta
- 90 giorni dalla presentazione della richiesta

39) In caso di revoca parziale, nei contratti con durata superiore all'anno il contraente
- Non può recedere prima della scadenza
- Può recedere con effetto dalla scadenza della prima annualità successiva al provvedimento
- Può recedere contestualmente al provvedimento

40) I colpi di sole e di calore sono considerati infortuni?
- No
- No salvo patto speciale
- Si, sono compresi nelle condizioni generali di polizza

41) La diminuzione del patrimonio cagionata dal sinistro prende il nome di
- Danno emergente
- Danno patrimoniale
- Lucro cessante

42) Le riserve tecniche sono
- Premi raccolti dall'impresa

- Utili della società
- Riserve patrimoniale della società

43) Il trasferimento del portafoglio dell'impresa è previsto con
    - Autorizzazione dell'Isvass
    - Comunicazione all'Isvass
    - Autorizzazione dell'impresa cessionaria

44) In caso di violazione delle norme sulle riserve tecniche
    - L'Isvass ne contesta la violazione
    - L'Isvass dispone la cancellazione dell'impresa
    - L'impresa viene messa in liquidazione volontaria

45) Le imprese sono tenute a trasmette al contraente l'attestato di rischio
    - 30 giorni prima della scadenza del contratto
    - 30 giorni dopo la scadenza del contratto
    - In qualsiasi momento, a richiesta del contraente

46) Cosa si intende per "termini di resa" o "Incoterms"?
    - Le forme di assicurazione trasporti
    - I rischi da assumere tra venditore e compratore
    - Regole internazionali che regolano gli adempimenti del venditore e del compratore

47) Il premio composto dalla somma del premio di rischio e del premio di risparmio prende il nome di
    - Premio lordo
    - Premio puro
    - Premio netto

48) La volontà di prestare fideiussione deve essere
    - Espressa
    - Tacita
    - Sia espressa che tacita

49) La nota informativa di un contratto vita contiene
    - Clausole del contratto
    - Informazioni relative alla società
    - La proposta di assicurazione

50) Nelle assicurazioni che prevedono il caso morte sono escluse dalla garanzia
- Suicidio
- Dolo del contraente
- Rischio di guerra

SOLUZIONI COMMENTATE – QUIZ B

1) **ELEMENTO DEL CONTRATTO DI ASSICURAZIONE**. *Il rischio è un elemento essenziale del contratto di assicurazione e consiste nella possibilità che un dato evento si verifichi nel futuro, indipendentemente dalla volontà della persona assicurata.*

2) **NON OBBLIGATORIO.** *Il contratto di assicurazione è un contratto tipico, in quanto espressamente previsto dalla legge, a forma libera, poiché la forma scritta è prevista solo a titolo probatorio, e ad effetti obbligatori, in quanto genera obbligazioni a carico delle parti contraenti.*

3) **SI, QUALORA L'ILLECITO SIA DI PARTICOLARE GRAVITA'.** *La radiazione determina la decadenza immediata dell'incarico, può comportare anche la cancellazione della società qualora l'illecito disciplinare sia di particolare gravità o sia reiterato*

4) **18 MESI.** *La gestione interinale può durare sino a 18 mesi, decorsi i quali l'impresa deve cedere il portafoglio ad un altro agente o creare un'agenzia in economia.*

5) **POSSONO ESSERE RESCRITTI SOLO IN TALE SEZIONE.**

6) **LA CENSURA.** *La censura è disposta per rilevanti manchevolezze.*

7) **NO MA I CONTRAENTI POSSONO RECEDERE ENTRO 60 GIORNI.** *Il trasferimento di portafoglio non è causa di risoluzione dei contratti ma i contraenti possono recedere entro 60 giorni dalla pubblicazione del provvedimento di autorizzazione.*

8) **DALL'ISVASS.**

9) **DECORSO DEL TERMINE.** *Riduzione del capitale e stato d'insolvenza sono invece cause di estinzione coattive.*

10) **5 SEZIONI.** Il Rui è suddiviso in 5 Sezioni: SEZ. A,B,C,D,E.

11) **ISVAP.** Le imprese nazioni che intendano esercitare nel territorio italiano l'attività di assicurazione devono essere preventivamente autorizzate dall'Isvass con provvedimento da pubblicare nel Bollettino dell'autorità di vigilanza.

12) **MULTA DA 20.000 A 200.000.** Chiunque svolge attività assicurativa o riassicurativa in difetto di autorizzazione è punito con la reclusione da due a quattro anni e con la multa da 20.000 a 200.000 euro.

13) **L'IMPRESA E' DICHIARATA IN STATO DI INSOLVENZA.** La revoca dell'autorizzazione può essere disposta quando i presupposti e le condizioni richiesti dalla legge vengano a mancare, l'impresa è gravemente inadempiente, l'impresa è assoggettata a liquidazione coatta o è dichiarata in stato d'insolvenza. (art.242 Codice delle Assicurazioni).

14) **NULLO.** La nullità può essere fatta valere dal contraente o dall'assicurato. In questo caso l'impresa di assicurazione dovrà restituire i premi pagati ma l'assicurato non dovrà restituire gli indennizzi percepiti.

15) **TECNICHE DEI RAMI VITA.** Le riserve matematiche sono costituite dalla differenza tra il valore attuale degli impegni dell'impresa e il valore attuale dei premi dovuti in futuro dall'assicurato.

16) **LE MALATTIE.**

17) **A UN TERZO DEL MARGINE DI SOLVIBILITA'.** Secondo l'Art. 46 del Codice delle Assicurazioni l'impresa deve rispettare la quota di garanzia che è pari ad un terzo del minimo del margine di solvibilità.

18) PRESSO LA SEDE CENTRALE DELLA SOCIETA'. L'Isvass può però autorizzare l'impresa a tenerli presso sedi secondarie

19) ENTRO 5 GIORNI DAL PAGAMENTO DEL PREMIO. Il contrassegno è esposto sul veicolo al quale si riferisce l'assicurazione entro 5 giorni dal pagamento del premio o della rata di premio.

20) TRAM. È obbligatoria l'assicurazione per i veicoli a motore, compresi i filoveicoli e rimorchi, e le unità da diporto, con esclusione delle unità non dotate di motore.

21) GLI INFORTUNI PROFESSIONALI E EXTRAPROFESSIONALI. L'assicurazione infortuni può riguardare unicamente gli infortuni professionali o quelli extraprofessionali, oppure riguardare entrambe le fattispecie c.d. forma completa.

22) 70 E 75 ANNI. Solitamente la polizza malattia cessa se nel corso del contratto l'assicurato raggiunge un'età limite compresa tra i 70 e 75 anni.

23) LUCRO CESSANTE. Il danno patrimoniale rientra nella categoria dei danni che possono colpire la persona. Si parla di danno patrimoniale quando un evento colpisce il soggetto assicurato e ne danneggia in modo diretto il patrimonio economico. Il danno patrimoniale può essere ricondotto soltanto alla sfera economica del soggetto, quindi, esclusivamente alle sue mancate capacità di guadagno, in quanto pregiudicate dall'infortunio o dalla malattia. Il lucro cessante calcola la quantità di guadagno che l'assicurato non potrà percepire e aggiungere al suo patrimonio a causa dell'evento che lo ha colpito e danneggiato. In sostanza, nella categoria del lucro cessante rientrano tutti i futuri guadagni che si erano previsti e che la persona perderà a causa dell'evento.

24) MALATTIA. Le conseguenze di un infortunio sono la morte, invalidità permanente e inabilità temporanea.

25) PARI AL VALORE ASSICURABILE. Qualora il massimale sia superiore al valore assicurabile si parla di soprassicurazione, qualora invece il primo sia inferiore al valore assicurabile si parla di sottoassicurazione.

26) 12 MESI. La sospensione deve essere di minimo di 3 mesi e non può superare per estensione un anno di durata.

27) AL PROPRIETARIO DEL VEICOLO. La classe di bonus/malus si riferisce al proprietario del veicolo e non al contraente, il quale può essere una persona diversa dal proprietario.

28) RISCHI ORDINARI. L'assicurazione incendio è suddivisa in Rischi Ordinari e Rischi Industriali.

29) SI 60 GIORNI PRIMA DELLA SCADENZA DELLA ANNUALITA' ASSICURATIVA.

30) 18.

31) ENTRO 24 ORE. In caso di sinistro l'assicurato o il contraente deve darne avviso all'impresa entro 24 ore da quando ne è venuto a conoscenza.

32) FORNIRE ALL'ASSICURATO UN IMMEDIATO AIUTO NEL CASO IN CUI LO STESSO SI TROVI IN DIFFICOLTA'.

33) UNA DURATA CHE COINCIDE CON LA VITA DELL'ASSICURATO.

34) PERCEPISCE LA PRESTAZIONE ASSICURATIVA. Il beneficiario è colui che riscuoterà il capitale.

35) 2. Nella cauzione i soggetti sono 2, il debitore che presta la cauzione a garanzia e il creditore che la riceve.

36) I CREDITI A CARATTERE FINANZIARIO. Non sono assicurabili le operazioni creditizie a carattere finanziario e quelle relative a operazioni di finanziamento generico.

37) VARIANO DA RAMO A RAMO. Le aliquote d'imposta variano da ramo a ramo o specie di assicurazioni.

38) 90 GIORNI DALLA PRESENTAZIONE DELLA RICHIESTA.

39) PUO' RECEDERE CON EFFETTO DALLA SCADENZA DELLA PRIMA ANNUALITA' SUCCESSIVA AL PROVVEDIMENTO.

40) SI SONO COMPRESI NELLE CONDIZIONI GENERALI DI POLIZZA.

41) DANNO EMERGENTE

42) PREMI RACCOLTI DALL'IMPRESA. Le riserve tecniche sono costituite da una quota dei premi raccolti dall'impresa di assicurazione che viene accotonata alla scopo di costituire la provvista con cui far fronte agli impegni futuri nei confronti degli assicurati.

43) AUTORIZZAZIONE DELL'ISVASS.

44) L'ISVASS NE CONTESTA LA VIOLAZIONE. L'Isvass ordina di conformarsi alle norme violate entro un congruo termine secondo l'Art 221 del Codice delle Assicurazioni.

45) 30 GIORNI PRIMA DELLA SCADENZA DEL CONTRATTO.

46) REGOLE INTERNAZIONALE CHE REGOLANO GLI ADEMPIMENTI DEL VENDITORE E DEL COMPRATORE.

47) PURO

48) ESPRESSA. L'art. 1937 c.c. dispone che la volontà di rendersi fideiussore deve essere scritta e contrattualmente regolata.

49) INFORMAZIONI RELATIVE ALLA SOCIETA'.

50) DOLO DEL CONTRAENTE o del beneficiario.

QUIZ C

1) Il premio netto è costituito
   - Dalla somma del premio di rischio e del premio di risparmio
   - Dalla somma del premio puro e dei caricamenti
   - Dalla somma del premio puro e delle imposte

2) In caso di rischio tarato in una polizza vita
   - La polizza non può essere più stipula
   - La polizza viene stipulata a discrezione dell'assicuratore con pagamento di penale
   - La polizza viene stipulata a discrezione dell'assicuratore con soprapremio

3) Nelle assicurazioni vita, l'assicuratore ha l'obbligo di assicurare tutti coloro che presentano una proposta di assicurazione?
   - No, ma solo coloro che a suo giudizio sono assicurabili
   - Si, ma solo dopo visita medica
   - Si, tutti.

4) Il cliente, prima della sottoscrizione di un contratto vita, deve fornire all'assicuratore le seguenti informazioni:
   - Situazione previdenziale
   - Età, situazione familiare, finanziaria, assicurativa, attività lavorativa.
   - Altre assicurazioni stipulate dal cliente

5) Nella fideiussione i soggetti sono:
   - 4
   - 3
   - 2

6) Il provvedimento di revoca è disposta
    - ISVASS
    - CONSAP
    - Ministero dello Sviluppo economico

7) L'Isvap consente un periodo di proroga non superiore a 6 mesi quando
    - L'impresa ha dato inizio all'attività dopo una anno
    - L'impresa ha cessato di esercitare l'attività per un periodo superiore a 6 mesi
    - Vi è la revoca dell'autorizzazione

8) L'infortunio è
    - Una lesione corporale obiettivamente constatabile derivante da causa fortuita, improvvisa, violenta e esterna.
    - Una lesione corporale obiettivamente constatabile derivante da causa fortuita, improvvisa, violenta e interna.
    - Una lesione corporale obiettivamente constatabile derivante da causa fortuita, dolosa, colposa, violenta, esterna.

9) Il contratto RCA può essere sospeso?
    - Si, tranne per furto
    - No, mai
    - Si, sempre

10) L'assicurato in una polizza RCA non ha diritto alla restituzione del premio per la parte del contratto non goduta quando vi è:
    - Disdetta contratto
    - Demolizione
    - Distruzione

11) Le imprese che hanno sede in uno Stato terzo possono operare in Italia
    - In libera prestazione dei servizi
    - In regime di stabilimento
    - In libera prestazione dei servizi e in regime di stabilimento

12) In caso di violazione delle norme sulle riserve tecniche, l'impresa deve sanare la situazione
    - Entro 3 mesi
    - Entro 6 mesi

- Entro 12 mesi

13) L'impresa è sottoposta ad amministrazione straordinaria per
    - Gravi perdite patrimoniali
    - Trasferimento di portafoglio
    - Regolarità nell'amministrazione

14) È una causa di estinzione coattiva
    - Stato d'insolvenza
    - Causa prevista dall'atto costitutivo
    - Sopravvenuta impossibilità dell'oggetto sociale

15) Alla sezione D del Rui sono iscritti
    - Le banche
    - Produttori diretti di imprese
    - Collaboratori degli intermediari

16) L'iscritto cancellato dal Rui in seguito a radiazione
    - Può essere riammesso in seguito al recupero dei requisiti necessari
    - Può essere riammesso decorsi 5 anni e in seguito al recupero dei requisiti necessari
    - Non può essere più riammesso

17) La radiazione è disposta
    - ISVASS
    - CONSAP
    - Corte di Cassazione

18) L'assicurazione in nome altri si ha quando il contratto viene stipulato da
    - Un rappresentante dell'assicurato
    - Dal beneficiario
    - Dal contraente

19) La proposta di assicurazione è efficace quando
    - Viene comunicata al destinatario
    - Con l'accettazione del destinatario
    - Trascorsi 30 giorni

20) La proposta di assicurazione dell'assicurato fatta per iscritto è

- Irrevocabile per 15 giorni
- Revocabile da subito
- Irrevocabile per 30 giorni

21) Le imprese che hanno sede in uno Stato terzo possono operare in Italia in libera prestazione dei servizi?
    - Si, con autorizzazione dell'Isvap
    - Si, con autorizzazione dell' autorità di vigilanza dello Stato di appartenenza
    - No, possono operare solo in regime di stabilimento.

22) L'accettazione della proposta di assicurazione può essere revocata?
    - No in nessun caso
    - Si, sempre
    - Si, fin quando non giunge a destinazione

23) La procedura di risarcimento diretto riguarda
    - I danni al veicolo
    - I danni alle persone
    - I danni ai veicolo immatricolati all'estero

24) Con la clausola CLAIM MADE nelle assicurazioni Rc professionali la garanzia assicurativa acquista
    - Efficacia retroattiva
    - Efficacia retroattiva illimitata
    - Efficacia retroattiva limitata

25) Le imprese di assicurazione RCA sono obbligate ad accettare le proposte per l'assicurazione che gli sono presentate?
    - Si, sempre
    - No possono rifiutare a discrezione dell'impresa
    - Si, salvo verifica di correttezza dei dati

26) La franchigia è assoluta quando
    - L'importo indicato nella clausola va detratto dalla somma dovuta come risarcimento
    - L'importo indicato rappresenta la soglia fino alla quale l'assicuratore non deve nulla
    - L'importo indicato rappresenta il premio da pagare a conclusione del contratto

27) Si verifica la successione legittima
- Quando manca il testamento
- Quando il de cuius non ha eredi
- Quando il testamento è valido

28) La morte dell'agente può comportare
- Scioglimento del contratto di agenzia
- Risoluzione dei contratti
- Risoluzione dei contratti e corresponsione agli eredi delle indennità

29) Il contributo al Fondo di Garanzia è
- Definito dall'Isvass
- Previsto per gli intermediari iscritti nella sez. A,B,C e D
- Definito in proporzione alle provvigioni percepite

30) Il preventivo personalizzato ha una validità non inferiore a
- 15 giorni
- 30 giorni
- 60 giorni

31) Il danno biologico è il
- Danno patrimoniale
- Danno morale
- Danno alla salute

32) In caso di sinistro il danno subito dal terzo trasportato
- È risarcito dall'impresa di assicurazione del veicolo terzo
- È risarcito dall'impresa di assicurazione del veicolo sul quale era a bordo
- Non è risarcito

33) Nella RCT i massimali non possono essere
- Tripartiti
- Unici
- Bipartiti

34) L'incendio doloso di terzi è garantito?
- No
- Sì
- Sì con specifica estensione di garanzia

35) Con la polizza RC professionale si assicura
    - Sempre la RC extracontrattuale
    - Sempre la RC contrattuale
    - Sempre entrambe

36) Il danno morale è quantificato in proporzione al
    - Danno biologico
    - Danno patrimoniale
    - Danno extracontrattuale

37) Per aggravamento del rischio si intende
    - Eccesso di sinistri
    - Sinistro di grave entità
    - Aumento imprevisto del rischio

38) Il metodo di pagamento diverso da quello previsto comporta
    - Cancellazione dall'albo dell'impresa
    - Sanzione amministrativa pecuniaria tra 15.000 e 25.000
    - Censura

39) Gli infortuni causati dall'ubriachezza
    - Sono sempre compresi
    - Sono sempre esclusi
    - Sono esclusi salvo patto speciale

40) Sono esclusi dalla polizza Tutela Legale
    - Ipotesi di colpa grave
    - Controversie amministrative
    - Spese ad esecuzione forzata

41) La durata massima di una polizza Temporanea Caso Morte è di
    - 15 anni
    - 20 anni
    - 25 anni

42) Una unità da diporto lunga 25 m
    - Non è soggetta all'obbligo di assicurazione
    - È soggetta all'obbligo di assicurazione se il motore di potenza e inferiore a 3HP fiscale e supera le 25 tonnellate di stazza lorda

- È soggetta all'obbligo di assicurazione se il motore di potenza è superiore a 3H fiscale e se non supera le 25 tonnellate di stazza lorda

43) Il riscatto di una polizza vita consiste
    - Nel revisionare il contratto
    - Nella possibilità di chiedere una somma di denaro e di estinguere il contratto
    - Nella possibilità di chiedere una somma di denaro con continuazione del contratto

44) Il questionario anamnestico è compilato
    - Dal contraente
    - e sottoscritto dall'assicurato
    - dall'assicurato e sottoscritto dal contraente

45) La polizza incendio copre
    - danni materiale e indiretti
    - solo danni materiali
    - danni materiale e diretti, danni consequenziali

46) Nella polizza Furto lo scoperto può essere indicato in cifra fissa?
    - Si, in base al danno
    - Si a discrezione dell'impresa
    - No

47) La polizza RC Inquinamento copre i danni causati da
    - Rumori al di fuori dello stabilimento
    - Veicoli e altre attività al di fuori dello stabilimento
    - Industrie installate sulla terraferma

48) È esclusa dalla copertura obbligatoria
    - Il cortile interno ad uno stabilimento
    - Area di servizio destinata alla distribuzione di carburante
    - Parcheggio privato confinante con strada pubblica e privo di recinzione

49) La garanzia Eventi atmosferici copre
    - l'alluvione
    - l'uragano
    - l'inondazione

50) Il premio in una polizza RCA deve essere indicato
- nel contrassegno
- nell'attestato di rischio
- nel certificato di assicurazione

SOLUZIONI COMMENTATE – QUIZ C

1) **DALLA SOMMA DEL PREMIO PURO E DEI CARICAMENTI.**

2) **LA POLIZZA VIENE STIPULATA A DISCREZIONE DELL'ASSICURATORE CON SOPRAPREMIO.** *La polizza viene assicurata richiedendo un soprapremio.*

3) **NO MA SOLO A COLORO CHE A SUO GIUDIZIO SONO ASSICURABILI.**

4) **ETA', SITUAZIONE FAMILIARIA, FINANZIARIA, ASSICURATIVA, ATTIVITA' LAVORATIVA.**

5) **3.** *Nella fideiussione i soggetti sono 3: il debitore che deve prestare una garanzia, il fideiussore che rilascia tale garanzia e il creditore che la riceve.*

6) **MINISTERO DELLO SVILUPPO ECONOMICO.** *Il provvedimento di revoca è preso con decreto del Ministero dello Sviluppo economico. Il decreto deve essere pubblicato nella Gazzetta Ufficiale riprodotto nel Bollettino e comunicato dall?isvass alle autorità di vigilanza degli altri Stati membri.*

7) **L'IMPRESA HA CESSATO DI ESERCITARE L'ATTIVITA' PER UN PERIODO SUPERIORE A 6 MESI.**

8) **UNA LESIONE CORPORALE OBIETTIVAMENTE CONSTATABILE DERIVANTE DA CAUSA FORTUITA, IMPROVVISA, VIOLENTA E ESTERNA.**

9) **SI TRANNE PER FURTO.** Il contratto può essere sospeso per qualunque causa tranne che per il furto per un periodo minimo di 3 mesi e per un massimo di 12 mesi.

10) DISDETTA CONTRATTO. Se il veicolo viene distrutto, demolito o venduto all'estero l'assicurato ha diritto alla restituzione del premio per la parte del contratto che non avuto corso.

11) IN REGIME DI STABILIMENTO.

12) ENTRO 6 MESI. L'impresa ha un termine di 6 mesi per sanare la situazione irregolare decorsi i quali viene messa in liquidazione.

13)GRAVI PERDITE PATRIMONIALI.

14)STATO D'INSOLVENZA.

15)LE BANCHE. I produttori diretti di imprese sono iscritti alla sez. C del RUI e mentre i collaboratori degli intermediari sono iscritti alla sez. E.

16)PUO' ESSERE RIAMMESSO DECORSI 5 ANNI E IN SEGUIRO AL RECUPERO DEI REQUISITI NECESSARI.

17)ISVASS.

18)UN RAPPRESENTANTE DELL'ASSICURATO.

19)CON L'ACCETTAZIONE DEL DESTINATARIO. *La proposta è una dichiarazione unilaterale recettizia.*

20)IRREVOCABILE PER 15 GIORNI. *La proposta è irrevocabile per il termine di 15 giorni, 30 se occorre una visita medica, dalla consegna o spedizione della stessa.*

21) NO POSSONO OPERARE SOLO IN REGIME DI STABILIMENTO.

22) SI FIN QUANDO NON GIUNGE A DESTINAZIONE.

23)I DANNI AL VEICOLO IMMATRICOLATO ALL'ESTERO. *La procedura riguarda anche il risarcimento del danno subito dal terzo trasportato.*

24)EFFICACIA RETROATTIVA ILLIMITATA. *In quanto la Compagnia effettua il pagamento per le richieste di risarcimento presentate per la prima volta nel periodo di validità della polizza.*

25) SI SALVO VERIFICA DI CORRETTEZZA DEI DATI *risultanti dall'attestato di rischio, dell'identità del contraente e dell'intestatario del veicolo.*

26) L'IMPORTO INDICATO NELLA CLAUSOLA VA DETRATTO DALLA SOMMA DOVUTA COME RISARCIMENTO.

27) QUANDO MANCA IL TESTAMENTO.

28) SCIOGLIMENTO DEL CONTRATTO DI AGENZIA.

29) DEFINITO IN PROPORZIONE ALLE PROVVIGIONI PERCEPITE. *È previsto per gli intermediari iscritti nella sez. B del RUI.*

30) 60 GIORNI

31) DANNO ALLA SALUTE

32) E' RISARCITO DALL'IMPRESA DI ASSICURAZIONE DEL VEICOLO SUL QUALE ERA A BORDO.

33) BIPARTITI. *I massimali possono essere bipartiti nella RCO.*

34) SI CON SPECIFICA ESTENSIONE DI GARANZIA.

35) SEMPRE LA RC CONTRATTUALE. *Non sempre è assicurata anche la RC extracontrattuale.*

36) DANNO BIOLOGICO. *Il danno morale varia da ½ a ¼ di quello riconosciuto per il danno biologico.*

37) AUMENTO IMPREVISTO DEL RISCHIO. *E quindi delle probabilità e dell'entità del danno.*

38) CENSURA

39) SONO SEMPRE ESCLUSI.

40) CONTROVERSIE AMMINISTRATIVE

41) 20 ANNI

42)E' SOGGETTA ALL'OBBLIGO DI ASSICURAZIONE SE IL MOTORE DI POTENZA E' SUPERIORE A 3HP FISCALE E SE NON SUPERA LE 25 TONNELLATE DI STAZZA LORDA *secondo l'art. 123 Codice delle Assicurazioni.*

43)NELLA POSSIBILITA' DI CHIEDERE UNA SOMMA DI DENARO E ESTINGUERE IL CONTRATTO

44)COMPILATO E SOTTOSCRITTO DALL'ASSICURATO

45)DANNI MATERIALI E DIRETTI, I DANNI CONSEQUENZIALI.

46)NO. *È sempre in percentuale.*

47)INDUSTRIE INSTALLATE SULLA TERRAFERMA.

48) IL CORTILE INTERNO AD UNO STABILIMENTO

49) URAGANO. *La garanzia Eventi atmosferici copre l'uragano, grandine, bufera, tempesta ma non l'alluvione e l'inondazione.*

50)NEL CERTIFICATO DI ASSICURAZIONE.

QUIZ D

1. Il contraente di una polizza fideiussoria
   - Può disdirla, con preavviso di 10 giorni
   - Può disdirla
   - Non può disdirla

2. In una polizza credito è assicurato
   - Solo il danno cessante
   - Solo il danno emergente
   - Il danno emergente e il danno cessante

3. La forma tariffaria NO CLAIM DISCOUNT nella polizza RCA prevede
   - Aumenti sulla tariffa base in caso di sinistri
   - Diminuzioni della tariffa base in caso di assenza di sinistri
   - Diminuzioni o aumenti di premio in assenza o presenza di sinistri

4. L'inosservanza dell'impresa dell'obbligo di consegna dell'attestato di rischio è punita con
   - Sanzione amministrativa pecuniaria da 1500 a 4500 euro
   - Sanzione amministrativa pecuniaria da 2000 a 9000 euro
   - Cancellazione dall'Albo

5. Nel caso di danno causato da veicolo non identificato il Fondo di Garanzia interviene
   - Solo per danni alle persone
   - Solo per danni alle cose
   - Per ogni tipo di danno, con franchigia per i danni alle cose

6. Per scoperto si intende
   - Parte del danno risarcibile espressa in percentuale che rimane a carico dell'assicurato
   - Parte del danno risarcibile espressa in percentuale che rimane a carico dell'assicuratore

- Parte del danno risarcibile espressa in importo

7. La liquidazione coatta implica la revoca?
   - No, solo penale
   - No solo cancellazione dell'impresa dall'albo
   - Si

8. il contributo di vigilanza previsto per gli intermediari iscritti al Rui è
   - definito dall'Isvass
   - previsto per gli intermediari iscritti nella sezione A,B,C e D
   - definito in base alle provvigioni percepite

9. Se l'assicurato recupera un bene che gli era stato sottratto e questo risulta essere danneggiato prima del pagamento dell'indennizzo, l'assicuratore
   - Non rimborsa il danno
   - Rimborsa il danno
   - Rimborsa il danno a condizione che siano trascorsi 4 mesi

10. L'assicurazione delle merci può essere stipulata per quelle esportate su
    - Nave e aereo
    - Nave, aereo e treno
    - Nave, aereo, treno e autocarro

11. Per problemi di indennizzo del sinistro, l'assicurato può rivorrere
    - Al Tar
    - All'Isvass
    - Al giudice ordinario

12. È possibile procedere alla riattivazione di una polizza Temporanea Caso Morte?
    - Si, entro 12 mesi
    - Si, entro 24 mesi
    - No

13. È possibile ottenere anticipazioni dal proprio fondo pensione per
    - Nessun motivo
    - Quando si muove
    - Spese sanitarie e acquisto prima casa

14. Quali versamenti sono deducibili dal proprio reddito?
    - TFR e contributi volontari

- TFR, contributi volontari e contributi datoriali
- Solo i contributi volontari e datoriali

15. L'autorità che vigila sui fondi pensione è
    - L'Isvass
    - Covip
    - Banca d'Italia

16. Il minore emancipato può compiere
    - Solo atti di ordinaria amministrazione
    - Solo atti di straordinaria amministrazione
    - Atti di ordinaria e straordinaria amministrazione

17. Il diritto di proprietà
    - È soggetto a scadenza
    - È perpetuo
    - Coincide con la vita del titolare

18. Si verifica la successione necessaria quando
    - Il testamento è nullo
    - Il de cuius nel testamento lede i diritti dei legittimari
    - Il dei cuius non ha eredi

19. Per danno biologico si intende
    - Lesione temporanea di lieve entità alla persona
    - Lesione temporanea o permanente all'integrità psico-fisica
    - Lesione temporanea di grave entità alla persona

20. In caso di amministrazione straordinaria l'Isvass nominerà
    - Uno o più commissari straordinari
    - Un comitato di sorveglianza
    - Uno o più commissari straordinari e un comitato di sorveglianza

21. È causa di nullità del contratto
    - Errore
    - Incapacità di una delle parti
    - Mancanza di un requisito essenziale

22. L'ipoteca è giudiziale quando

- È iscritta in forza di una norma di legge
- La sua iscrizione è dovuta ad una sentenza esecutiva
- Quando la sua iscrizione è conseguenza di un atto di volontà del debitore

23. I diritti reali sono
    - Assoluti, immediati, tipici
    - Relativi, immediati, tipici
    - Determinati, assoluti, tipici

24. Le clausole vessatorie determinano
    - Condizioni favorevoli
    - Condizioni sfavorevoli
    - Uno squilibro dei diritti e degli obblighi

25. L'accessione si riferisce a
    - Beni mobili
    - Beni immobili
    - Beni mobili e beni immobili

26. In una polizza vita, l'assicurato può essere una persona giuridica?
    - No
    - Si
    - No, salvo patto speciale

27. L'adesione ai fondi pensione è
    - Facoltativa
    - Obbligatoria
    - Obbligatoria per i lavoratori dipendenti pubblici e privati

28. In caso di reclami, l'impresa di assicurazione deve darne riscontro entro
    - 120 giorni
    - 90 giorni
    - 45 giorni

29. È possibile l'anticipazione della posizione individuale maturata
    - Per acquisto prima casa dopo 2 anni
    - Per acquisto prima casa dopo 8 anni
    - Per acquisto prima casa in qualsiasi momento

30. Gli intermediari possono avvalersi di call center?
   - Si
   - No
   - Solo se l'intermediario è iscritto nella sez. B del RUI

31. La Carta Verde è valida
   - Dalle ore 24 del giorno di emissione
   - Dalle ore 12 del giorno di emissione
   - Dalle ore 0 del giorno di emissione

32. Il danno morale è
   - Sempre risarcibile
   - Risarcibile solo nei casi previsti dalla legge
   - Non è mai risarcibile

33. Nella successione legittima l'eredità si devolve
   - Ai testamentari
   - Al coniuge e ai discendenti legittimi
   - Al coniuge, ai discendenti legittimi, legittimati, ai genitori.

34. L'assicurato è
   - Il beneficiario
   - Colui che può esercitare il riscatto
   - Colui che sulla cui vita è stipulata la polizza

35. Il Progetto Esemplificativo Straordinario è
   - Strumento che fornisce indicazioni sulla possibile evoluzione della posizione individuale nel tempo
   - Strumento che fornisce indicazioni sui costi da versare
   - Un fondo pensione chiuso

36. L'usufrutto è
   - Diritto reale di garanzia
   - Diritto reale di godimento
   - Diritto di credito

37. Elementi accidentali del contratto sono
   - Termine, oggetto, forma, accordo delle parti

- Termine, condizione, modo
- Termine, causa, accordo delle parti

38. Si ha l'annullabilità del contratto per
    - Nullità
    - Incapacità di una delle parti
    - Vizio del consenso

39. La vigilanza di un'impresa di stato Terzo in Italia spetta
    - Allo stato di origine
    - All'isvass
    - Rappresentante generale

40. Può essere negata l'autorizzazione di un'impresa di stato Terzo in Italia quando
    - Insedia una sede secondaria in Italia
    - Gli investimenti sono quasi uguali all'importo della quota di garanzia
    - Non sia rispettato il principio di reciprocità

41. Spetta al Ministero dello sviluppo Economico
    - Esercitare la vigilanza sulla Consap
    - Gestire il Fondo di Garanzia
    - Gestire il Fondo di Solidarietà

42. Spetta alla Consap
    - La gestione del Fondo per il credito ai giovani
    - Disporre la revoca dell'autorizzazione delle imprese
    - Autorizzare la procedura di liquidazione coatta.

43. Il contratto di assicurazione dura
    - Un anno e non può essere tacitamente rinnovato
    - Sei mesi
    - Un anno con tacito rinnovo

44. Le tariffe Rca sono
    - Stabilite dal Ministero delle Attività produttive
    - Stabilite dal Ministero dello Sviluppo Economico
    - Liberamente fissate da ciascuna impresa

45. Quali di questi non sono soggetti all'assicurazione obbligatoria RCA?

- Tram
- Filobus
- Quadricicli a motore

46. Nella polizza malattia Dread Disease sono esclusi
    - Ictus cerebrale
    - Terapie laser
    - Malattie che comportano la necessità di un trapianto d'organo

47. Il periodo di carenza è
    - Periodo in cui la copertura non è attiva
    - Periodo in cui la copertura è attiva
    - Periodo in cui la copertura non è attiva non essendo stato pagato il premio

48. La durata della polizza Permanent Health Insurance è
    - Pluriennale
    - Annuale
    - Decennale

49. La carenza per le malattie connesse a patologie preesistenti al contratto non conosciute o conosciute e dichiarate al momento della stipula è di
    - 300 giorni
    - 180 giorni
    - 30 giorni

50. La dimora è
    - Il luogo in cui la persona vive e svolge la sua attività
    - Il luogo in cui la persona ha intenzionalmente stabilito la sede principale dei propri affari
    - Luogo in cui la persona attualmente soggiorna abitualmente

RISPOSTE COMMENTATE

1) **NON PUO' DISDIRLA**. *Solo il beneficiario può svincolare la polizza.*

2) **SOLO IL DANNO EMERGENTE**. *La polizza credito è una polizza danni e pertanto indennizza il danno con il costo di produzione.*

3) **DIMINUZIONI DELLA TARIFFA BASE IN CASO DI ASSENZA SINISTRI.**

4) **CON SANZIONE AMMINISTRATIVA PECUNIARIA DA 1500 A 4500.**

5) **PER OGNI TIPO DI DANNO, CON UNA FRANCHIGIA PER I DANNI A COSE di 500 euro.**

6) **PARTE DEL DANNO RISARCIBILE ESPRESSA IN PERCENTUALE CHE RIMANE A CARICO DELL'ASSICURATO.**

7) **SI**. *La liquidazione è una delle cause di revoca.*

8) **DEFINITO DALL'ISVASS**. *È in misura fissa che varia a seconda della sezione di iscrizione.*

9) **RIMBORSA IL DANNO**. *Per le cose rubate che siano recuperate prima del pagamento dell'indennizzo e prima che siano trascorsi 2 mesi, la Compagnia è obbligata solo per i danni subiti dalle cose stesse.*

10) **NAVE, AEREO, AUTOCARRO E TRENO.**

11) **AL GIUDICE ORDINARIO.**

12) **SI ENTRO 24 MESI**

13) **SPESE SANITARIE E ACQUISTO PRIMA CASA.**

14) SOLO I CONTRIBUTI VOLONTARI E DATORIALI.

15) COVIP

16) SOLO ATTI DI ORDINARIA AMMINISTRAZIONE. *Il minore oltre a poter contrarre matrimonio potrà compiere atti di ordinaria amministrazione.*

17) È PERPETUO, *cioè non può essere soggetto a limiti di tempo tranne casi particolari.*
18) IL DE CUIUS NEL TESTAMENTO LEDE I DIRITTI DEI LEGITTIMARI. *Si ha la successione necessaria quando il de cuius pur avendo fatto testamento ha escluso uno o più legittimari.*

19) LESIONE TEMPORANEA O PERMANENTE ALL'INTEGRITA' PSICO-FISICA.

20) UNO O PIU' COMMISSARI DI STRAORDINARI E UN COMITATO DI SORVEGLIANZA *composto da tre a cinque componenti.*

21) MANCANZA DI UN REQUISITO ESSENZIALE.

22) LA SUA ISCRIZIONE E' DOVUTA AD UNA SENTENZA *ESECUTIVA e non di mero accertamento.*

23) ASSOLUTI, IMMEDIATI, TIPICI.

24) UNO SQUILIBRIO DEI DIRITTI E DEGLI OBBLIGHI *derivanti dal contratto.*

25) BENI MOBILI E BENI IMMOBILI. *Si verifica quando una cosa viene aggiunta a assunta ad un'altra cosa che è principale rispetto a quella.*

26) NO. *Mai.*

27) FACOLTATIVA.

28) **45 GIORNI** *dal loro ricevimento.*

29) **PER ACQUISTO CASA DOPO 8 ANNI.**

30) **SI.**

31) **DALLE ORE 0 DEL GIORNO DI EMISSIONE.**

32) **RISARCIBILE SOLO NEI CASI PREVISTI DALLA LEGGE.**

33) **AL CONIUGE, AI DISCENDENTI LEGITTIMI, LEGITTIMATI, AI GENITORI.**

34) **COLUI CHE SULLA CUI VITA E' STIPULATA LA POLIZZA.**

35) **STRUMENTO CHE FORNISCE INDICAZIONI SULLA POSSIBILE EVOLUZIONE DELLA POSIZIONE INDIVIDUALE NEL TEMPO.**

36) **DIRITTO REALE DI GODIMENTO.**

37) **CONDIZIONE, TERMINE, MODO.**

38) **PER NULLITA'.**

39) **ISVASS.**

40) **NON SIA RISPETTATO IL PRINCIPIO DI RECIPROCITA'** o di parità di trattamento dallo Stato di origine o abbiano costituito già una sede secondaria in tale Stato.

41) **ESERCITARE LA VIGILANZA SULLA CONSAP** e sul Fondo di Garanzia.

42) **GESTIRE IL FONDO PER IL CREDITO AI GIOVANI.**
43) **UN ANNO E NON PUO' ESSERE TACITAMENTE RINNOVATO.** Secondo l'art 170-bis il contratto di assicurazione obbligatoria della responsabilità civile derivante dalla

circolazione dei veicoli a motore e dei natanti ha durata annuale o, su richiesta dell'assicurato, di anno più frazione, si risolve automaticamente alla sua scadenza naturale e non può essere tacitamente rinnovato.

44) LIBRAMENTE FISSATE DA CIASCUNA IMPRESA assicurativa autorizzata all'esercizio del ramo senza alcuna approvazione.

45) TRAM

46) TERAPIE LASER.

47) PERIODO IN CUI LA COPERTURA NON E' ATTIVA pur essendo stato pagato il premio.

48) PLURIENNALE ma che non supera l'età di pensionamento.

49) 180 GIORNI.

50) LUOGO IN CUI LA PERSONA ATTUALMENTE SOGGIORNA ABITUALMENTE. Essa può anche essere temporanea o occasionale.

QUIZ E

1) Il fascicolo informativo contiene
    - Informazioni sui costi
    - Scheda sintetica
    - Informazioni sulle prestazioni assicurative

2) In caso di sinistro nell'assicurazione malattia, l'assicurato deve presentare la denuncia entro
    - 20 giorni
    - 30 giorni da quando si è venuti a conoscenza del sinistro
    - 60 giorni da quando si è venuti a conoscenza del sinistro

3) La decadenza di un diritto può essere stabilita
    - Solo dalla legge
    - Dolo da un accordo tra le parti
    - Sia dalla legge e sia da un accordo tra le parti

4) Nelle assicurazioni Trasporti il SWB è
    - La lettera di vettura marittima
    - La lettera di vettura aerea
    - La lettera di vettura per autotrasporto

5) I Rischi ordinari sono quelli che hanno

- Causa accidentale
- Causa dolosa e colposa
- Causa straordinaria

6) Il contraente di una polizza Trasporti può essere
    - Solo lo spedizioniere
    - Lo spedizioniere e il venditore
    - Lo spedizioniere, il venditore o il vettore

7) Le assicurazioni cumulative
    - Hanno un aumento di polizza
    - Hanno condizioni ristrette rispetto alle polizze normali
    - Sono assicurate più persone con un'unica polizza

8) Nel caso di veicolo già assicurato all'estero il contratto è assegnato alla classe
    - 14
    - 18
    - 1

9) L'azione per il risarcimento dei danni causati dalla circolazione dei natanti è preposto dopo
    - 30 giorni
    - 60 giorni
    - 15 giorni

10) È possibile l'acconto sulla liquidazione del danno?
    - Si, qualora il danneggiato si trovi in stato di bisogno
    - No, in nessun caso
    - Si, sempre.

11) I massimali minimi nel caso di danni alle persone sono
    - 5.000.000
    - 10.000.000
    - 1.000.000

12) I massimali minimi nel caso di danni alle cose sono
    - 1.000.000
    - 3.000.000
    - 5.000.000

13) In caso di furto il contratto Rca
- Cessa di avere effetto e l'assicurato ha diritto al rimborso
- Continua a rimanere in vigore sino alla conclusione del contratto
- Cessa di avere effetto ma l'assicurato non potrà avere il rimborso

14) La forma tariffaria PEJIUS prevede
- La diminuzione o l'aumento di premio
- Aumenti sulla tariffa base in caso di sinistri
- Diminuzioni sulla tariffa base in assenza di sinistri

15) Sono possibili i prestiti su polizze vita?
- Si ma con limitazioni
- Si purché l'assicurato rinunci al riscatto
- No, in nessun caso

16) L'obbligazione
- Nasce dal contratto
- Nasce dal fatto lecito
- Può essere revocato senza autorizzazione

17) Il periodo di tolleranza ha una durata di
- 30 giorni
- 15 giorni
- 3 giorni

18) Il fondo di Garanzia serve per risarcire
- Danni arrecati a terzi
- Danni patrimoniale
- Danni fiscali e economici

19) Aderiscono al Fondo Di Garanzia
- La Consap
- Gli iscritti nella sez. A e B nel RUI
- Gli iscritti nella sez. B del Rui

20) La grave violazione di norme legali e regolamentari causa
- L'amministrazione straordinaria
- Radiazione

- piano di risanamento

21) si verifica la fusione quando
    - due imprese danno vita ad una nuova impresa
    - due o più imprese già esistenti vengono unite
    - una società cede parte del complesso aziendale ad un'altra.

22) Il bilancio di esercizio deve essere
    - Depositato entro 15 giorni dall'approvazione
    - Depositato entro 15 giorni e pubblicato entro 40 giorni
    - Depositato e pubblicato entro 30 giorni dall'approvazione

23) Il rischio di assunzione è
    - Rischio delle scelte tariffarie della Compagnia
    - Rischio di perdite in dipendenza di variazione dei tassi
    - Rischio derivante dalla sottoscrizione dei contratti di assicurazione

24) Quale è la differenza tra polizza in abbonamento e la polizza aperta?
    - Nessuna, entrambe fanno parte di polizza Caso Morte
    - Sono identiche anche se la polizza aperta non alcun limite di tempo
    - Sono identiche anche se la polizza in abbonamento riguarda tutte le merci

25) Per ottenere la riduzione del premio in una polizza vita è necessario che siano
    - Trascorsi 5 anni
    - Trascorsi 3 mesi
    - State pagate le prime tre annualità

26) La polizza Key-Man è
    - Una polizza Caso Vita
    - Una polizza Caso Morte
    - Una polizza Mista

27) Come si ottiene il premio di tariffa?
    - Sommando i caricamenti e i costi
    - Sottraendo ai caricamenti le imposte
    - Sommando al premio puro i caricamenti

28) Nei contratti stipulati con visita medica la garanzia decorre immediatamente?
    - Si, con il pagamento della prima rata

- No, dopo 15 giorni dalla stipulazione
- No, dopo 30 giorni dalla stipulazione

29) Nella polizza Malattia il pagamento del sinistro avviene
- Dopo 15 giorni
- Dopo un anno
- Dopo cure ultimate

30) Il rischio è
- Elemento essenziale del contratto
- La causa
- Elemento accidentale del contratto

31) È risarcibile
- Il danno ingiusto commesso con dolo e colpa
- Solo il danno ingiusto commesso con dolo
- Solo il danno ingiusto commesso con colpa

32) Per inabilità temporanea sio intende
- L'incapacità funzionale ad attendere temporaneamente alle proprie mansioni
- Perdita della capacità funzionale per 15 giorni
- Perdita della capacità funzionale per 30 giorni

33) Il rischio locativo copre i danno causati dal fulmine?
- Si, sempre
- No mai
- Si, salvo patto speciale

34) La revoca può riguardare
- Tutti i rami esercitati dall'impresa
- Solo i rami vita esercitati dall'impresa
- Solo i rami danni esercitati dall'impresa

35) In caso di scioglimento di polizza Infortuni l'agente ha diritto alla provvigione?
- Si, solo alla provvigione di incasso
- No mai
- Si

36) Si ha la provvigione ricorrente quando
- Viene corrisposta in base alle annualità di premio
- Viene corrisposta in un'unica soluzione al momento della stipula del contratto
- Viene corrisposta in un'unica provvigione per l'acquisto e per l'incasso

37) Quale di questi posso essere coperti con l'assicurazione corpi?
- Pescherecci
- Imbarcazioni da diporto
- Pescherecci e imbarcazioni da diporto

38) Nel premio unico ricorrente il contraente
- Si impegna a pagare una somma di denaro per un determinato numero di anni
- Si impegna a pagare una somma di denaro in un'unica soluzione contestualmente alla sottoscrizione del contratto
- Pattuisce il pagamento di una serie di premi unica a una determinata ricorrenza

39) le modalità di pagamento del premio sono
- premio annuo, unico, unico ricorrente
- premio annuo e premio unico
- premio annuo, costante e rivalutabile

40) L'annullamento del contratto può essere domandato
- Dalla chiunque
- Dalla parte nel cui interesse è stabilito dalla legge
- Dall'ISVASS

41) Si ha la risoluzione del contratto
- Per annullabilità
- Per impossibilità sopravvenuta
- Per nullità

42) La riassicurazione fatta dal riassicuratore per alleggerire i propri impegni su un rischio è detta
- Attiva
- Retrocessione
- Totale

43) Il margine di solvibilità è

- Una riserva complementare per far fronte alla variabilità dei risultati tecnici
- Una riserva matematica disposta dalle imprese di assicurazioni vita
- È costituito dal tasso di inventario

44) I caricamenti sono
- Spese sostenute dall'impresa per l'acquisizione e gestione del contratto
- Accantonamenti che l'assicuratore deve affrontare per far fronte agli impegni futuri assunti verso gli assicurati.
- I debiti che l'assicuratore ha nei confronti di terzi.

45) Il premio netto o di tariffa è costituito
- Dalla somma del premio di rischio e del premio di risparmio
- Dalla somma del premio puro e dei caricamenti
- Dalla somma del premio netto, degli accessori e delle imposte.

46) Nella polizza Caso Vita a favore proprio
- Il contraente, assicurato e beneficiario possono essere la stessa persona
- Il contraente e l'assicurato sono la stessa persona, il beneficiario deve essere un'altra.
- Il contraente, l'assicurato e il beneficiario devono essere tre persone diverse.

47) La clausola di incontestabilità prevede che trascorsi sei mesi il contratto è
- Incontestabile salvo dolo
- Sempre incontestabile
- Incontestabile, salvo colpa grave e dolo

48) Nelle polizze rivalutabili, il capitale viene rivalutato
- Ogni anno
- Ogni 2 anni
- Ogni 5 anni

49) Le Assicurazioni collettive assicurano
- Solo il rischio morte
- Solo l'invalidità
- Il Rischio morte e l'invalidità

50) Soggetto attivo dell'imposta è
- Lo Stato
- Il contribuente
- L'impresa di assicurazione

SOLUZIONI COMMENTATE – QUIZ E

1. **SCHEDA SINTETICA.**

2. **3 GIORNI DA QUANDO SI E' VENUTI A CONOSCENZA DEL SINISTRO.**

3. **SIA DALLA LEGGE E SIA DA ACCORDO TRA LE PARTI.**

4. **LA LETTERA DI VETTURA MARITTIMA.**

5. **CAUSA ACCIDENTALE** *riconducibile a eventi naturali o al comportamento umano.*

6. **LO SPEDIZIONIERE, IL VETTORE , IL VENDITORE.**

7. **SONO ASSICURATE PIU' PERSONE CON UN'UNICA POLIZZA.** *Le assicurazioni cumulative prevedono diminuzioni di polizza e condizioni più ampie rispetto alle polizze normali.*

8. **ALLA 14** *a meno che il contraente consegue una dichiarazione lasciata dall'assicuratore estero che consente l'individuazione della classe di conversione universale.*

9. **60 GIORNI** *o 90 in caso di danno alla persona.*

10. **SI QUALORA IL DANNEGGIATO SI TROVI IN STATO DI BISOGNO.**

11. **5.000.000** *per sinistro.*

12. **1.000.000** *per sinistro.*

13. CESSA DI AVERE EFFETTO E L'ASSICURATO HA DIRITTO AL RIMBORSO.

14. AUMENTI SULLA TARIFFA BASE IN CASO DI SINISTRI.

15. **SI MA CON LIMITAZIONI** *degli accantonamenti a riserva matematica.*
16. NASCE DAL CONTRATTO.

17. 15 GIORNI.

18. **DANNI PATRIMONIALI** . *Il fondo serve per risarcire i danni patrimoniali causati dal mediatore agli assicurati e alle imprese di assicurazioni.*

19. GLI ISCRITTI NELLA SEZ. B DEL RUI.

20. L'AMMINISTRAZIONE STRAORDIANARIA.

21. DUE O PIU' IMPRESE GIA' ESISTENTI VENGONO UNITE.

22. **DEPOSITATO E PUBBLICATO ENTRO 30 GIORNI DALLA SUA APPROVAZIONE** *secondo quanto previsto dall'Art 2435 c.c.*

23. RISCHIO DERIVANTE DALLA SOTTOSCRIZIONE DEI CONTRATTI DI ASSICURAZIONE.

24. SONO IDENTICHE ANCHE SE LA POLIZZA APERTA NON HA ALCUN LIMITE DI TEMPO.

25. SIANO STATE PAGATE 3 ANNUALITA'.

26. E' UNA POLIZZA CASO MORTE.

27. SOMMANDO AL PREMIO PURO I CARICAMENTI.

28. SI CON IL PAGAMENTO DELLA PRIMA RATA.

29. DOPO CURE ULTIMATE.

30. ELEMENTO ESSENZIALE DEL CONTRATTO.

31. IL DANNO INGIUSTO COMMESSO CON DOLO O COLPA.

32. L'INCAPACITA' FUNZIONALE AD ATTENDERE TEMPORANEAMENTE ALLE PROPRIE MANSIONI.

33. NO MAI.

34. TUTTI I RAMI ESERCITATI DALL'IMPRESA.

35. NO MAI.

36. VIENE CORRISPOSTO IN BASE ALLE ANNUALITA' DI PREMIO.

37. PESCHERECCI E IMBARCAZIONI DA DIPORTO.

38. PATTUISCE IL PAGAMENTO DI UNA SERIE DI PREMI UNICI A UNA DETERMINATA RICORRENZA. *Questo avviene solo se il contraente lo vuole.*

39. PREMIO ANNUO, PREMIO UNICO E PREMIO UNICO RICORRENTE.

40. DALLA PARTE NEL CUI INTERESSA E' STABILITO DALLA LEGGE.

41. PER IMPOSSIBILITA' SOPRAVVENUTA.

42. RETROCESSIONE.

43. UNA RISERVA COMPLEMENTARE PER FAR FRONTE ALLA VARIABILITA' DEI RISULTATI TECNICI. *È il cosiddetto patrimonio libero della Compagnia.*

44. SPESE SOSTENUTE DALL'IMPRESA PER L'ACQUISIZIONE E GESTIONE DEL CONTRATTO.

45. DALLA SOMMA DEL PREMIO PURO E DEI CARICAMENTI.

46. IL CONTRAENTE, L'ASSICURATO E BENEFICIARIO POSSONO ESSERE LA STESSA PERSONA.

47. INCONTESTABILE, SALVO COLPA GRAVE E DOLO.

48. OGNI ANNO.

49. IL RISCHIO MORTE E INVALIDITA'

50. LO STATO *o l'ente pubblico dotato di potestà impositiva.*

INDICE

QUIZ A _____ PAG.	7
SOLUZIONI QUIZ A _____	14
QUIZ B _____	19
SOLUZIONI QUIZ B _____	26
QUIZ C _____	30
SOLUZIONI QUIZ C _____	37
QUIZ D _____	41
SOLUZIONI QUIZ D _____	48
QUIZ E _____	53
SOLUZIONI QUIZ E _____	60

www.ingramcontent.com/pod-product-compliance
Lightning Source LLC
Chambersburg PA
CBHW072242170526
45158CB00002BA/991